有趣美勞の教具

寓教於樂的好玩勞作

有趣美勞の教具

前言

　　利用簡易的美勞技法，從中帶領小朋友得到寓教於樂的效果；有趣生動的教具裡，包括手工書的製作方法，裱板的製作；透過與學生共同完成美勞勞作如：浮水印、焦邊畫、拓畫、拓印、孔畫、摺紙、撕貼、立體卡片、組合形狀等，再加以組合利用手工書作成的作品及教具書，或是可互動的教具遊戲、製作出具思考、邏輯性、手腳知覺、數的觀念、人際觀係的評量、達到多元智慧的目的。

　　然而坊間也有販售各式的教具，價格也不斐，不妨利用本書的介紹與製作來作出可愛好玩的教具，以小朋友作品，老師與家長的巧心組合，如此具有互動效果又可讓小朋友得到美勞的知識的教具製作書，現在就一起來動手玩一玩吧！

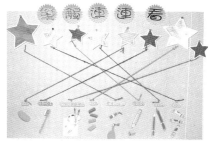

有趣美勞の教具

目 錄

第一單元 10～17 浮水印

●變裝秀-浮水印的製作技法
●手工書DIY第1招一精裝書夾
●男孩與女孩　●服裝製作
●變裝囉

第二單元 18～23 手影畫

●和影子說故事一手套動物製作
●佈置板製作

第三單元 24～29 焦燙畫

●尋找小丑魚一焦燙畫製作
●底板製作
●尋找小丑魚一遊戲辦法

第四單元 30～33 拓畫壓花

●認識花朵一拓畫製作
●手工書DIY第2招一屏風書
●押花製作
●押花應用

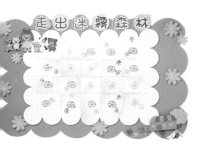

工具材料

Tools & Materials

黏貼的工具

噴膠－便於大面積紙張的黏貼，或製作雙面色紙時。

泡棉膠－可用來墊高、使其凸顯立體感的黏貼工具。

雙面膠－可用來黏接紙張，如"黏貼處"的部份可利用雙面膠。

相片膠－利於紙雕時的黏貼。

白膠－最基本的黏貼工具。

保麗龍膠－專用於黏貼保麗龍與珍珠板，也可使用於製作立體物的黏貼。

Tools & Materials

剪裁的工具

剪刀－剪裁必備的工具。

刀片－利於切割紙類，但必須小時使用：其中刀片之刀鋒分有30°與45刀片，本書一律使用30°之刀片。

圓規刀－專用於切割圓形的器具。

切割器－可切割珍珠板和保麗龍，可調整寬度來使用。

Tools & Materials

製圖的工具

描圖紙－描圖、製圖必備工具。

圓規－製作錐形立體摺紙時須具備之工具。

無水原子筆－可用於描圖、劃摺線，作紙的彎弧。

圓圈板－可用於畫圓，共有36種不同大小的圓，方便使用。

雲形板－利用雲形板可以劃出各種大小的圓。

三角板－利用三角板製圖，使製圖更準確方便。

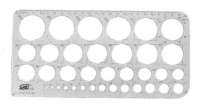

Tools & Materians

紙材 的 選擇

美術紙－包括書面紙、臘光紙、粉彩紙、丹迪紙等。

包裝紙－包裝紙的紙材薄，可用來製作手工書的封面，或作為裱板的邊框裝飾，是個很方便、容易取得的材料。

色紙－市面上有販售一包色紙內10種尺寸各10張的色紙，大多屬蠟光紙；較常見的色紙尺寸為15公分×15公分。

棉紙－棉紙的吸水性強，可用於染色、印色，質地軟且好塑形。

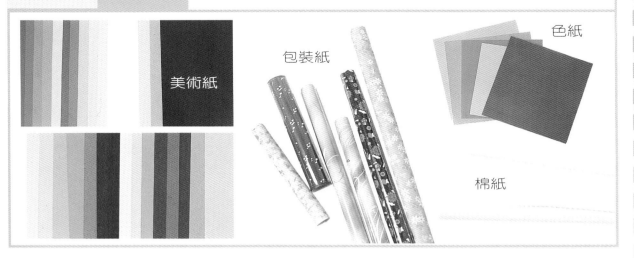

美術紙

包裝紙

色紙

棉紙

Tools & Materians

輔助 的 工具

立可白－可用來點繪眼睛或作小白點花紋。

打洞器－可以打出圓形紙片或鏤空小圓。

豬皮擦－其可擦掉溢出的乾膠水，也可以用來擦拭剪刀刀面的膠漬。

廣告顏料－書中有些作品的眼睛，可以利用白色廣告顏料來繪製。

粉彩－粉紅色可用於表現腮紅，用棉花棒以打圓方式輕抹出顏色。

珍珠板、保麗龍－可作為裱板、手工書的基底。

紙板－薄的紙板可以作為書頁，也可以做為手工書。

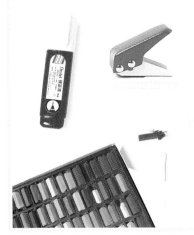

 本書使用的工具材料

■ 浮油流墨

■ 蠟筆

■ 色鉛筆

■ 壓克力顏料

■ 麥克筆

■ 彩色墨水

■ 海棉

■ 捲軸

■ 圖釘

■ 手套

■ 造型圖釘

線香

蠟光紙

軟性磁鐵

磁鐵

花

紙盒

食物

卡典西德

魔鬼氈

牙籤

背帶

保麗龍球

彩色膠帶

熱熔膠

第一單元-浮水印

教具名稱	變裝秀
配件內容	A3精裝書夾 男孩圖片7～10張 女孩圖片7～10張 浮水印色紙
多元智慧	● 語文 ☐ 空間 ● 肢體動覺 ● 人際關係 ☐ 自知自覺 ● 自然觀察 ☐ 邏輯數學

● 浮水印的製作方法

● 手工書DIY第 1 招

　　-精裝書夾

● 男孩與女孩

● 服裝製作

● 變裝囉

利用浮油流墨的特性，我們可以製造出流墨多變的線條，印出各種美麗的花樣；或者可以拿一般A4紙或再生紙、棉紙等製作成色紙或包裝紙、信紙，凡紙類物質都是最好的媒材。所以我們將印好的花樣紙剪剪貼貼，做出美麗的衣裳，就可以變化出更多好玩的造型囉！！

浮水印的製作方法

★ 吸水性強的紙材可以較為完整的呈現出油墨色彩，例如棉紙、手抄紙。

1 在水盆內置入二個小圓紙，輕輕往下壓至水底，待二片圓紙片浮起後，滴入喜歡的顏色。
（滴在紙片上）

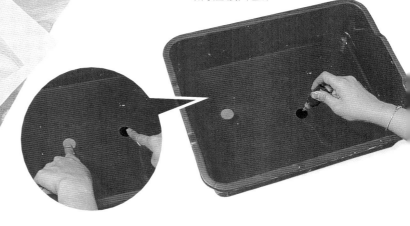

2 油墨會浮在水面並擴散開來，另一圓紙片也滴入顏色。

3 以牙籤輕輕攪動它。

4 輕輕的以兩手拿著紙張兩邊，平放於水面上放下。

5 放下後的棉紙很快就吸收了油墨。

6 再以兩手於棉紙兩邊輕輕提起。

7 放在報紙上曬乾即可。

手工書DIY第1招-精裝書夾

1 準備一塊紙板割成三等份，中間細長條部份為書背，兩邊為封面與封底，再準備一張較大張的底紙。

2 先將紙板貼在底紙上，再將底紙四角向內黏。（可用雙面膠帶）

3 四角都固定好之後，再將四邊向內摺，並黏貼固定好。

折書溝
（向內壓折）

5 再準備一張較小的底紙，貼於內部。

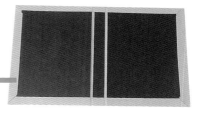

4 四邊黏貼固定完成。

6 書夾兩邊往中摺，即完成書封面。
（此為精裝書夾）

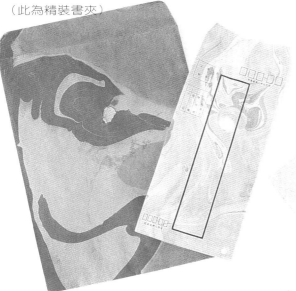

●可以拿信封做DIY應用，讓單調的底色印上美麗的花紋。

●**手抄紙的應用**—手抄紙吸水性強，效果特佳。

男孩與女孩

●本書中的附有小朋友線稿，可以利用它影印下來著色，並加上底圖，貼在紙板上。

■ 內頁製作

● 每一張的小朋友都在同一位置。

線稿附錄　P.88～90

1 先在第一張上打洞，第二張再和第一張對齊，於同一洞口再打洞，位置就會相同了。（打出上中下3個洞孔）

2 利用捲軸，剪下單個小環後，將它邊緣修剪，再穿過洞孔。

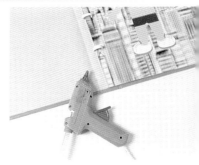

3 以熱熔膠固定捲軸於書背上。

4 再分為三等份剪開：頭部、上半身、下半身

5 另一面（封面裡）也可以做些小變化。

6 封面可以利用珍珠板墊高來增加立體感與趣味性。（附線稿）

■ 服裝製作　線稿附錄　P.88～90

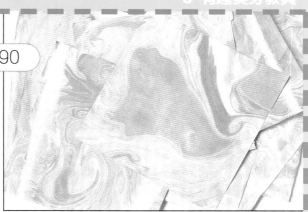

- 男孩的內頁部份
- 女孩的封面表現
- 女孩的內頁作法
  與男孩（同P13）

1 利用複寫紙的功能，把浮水印的色紙放在最底，中為複寫紙，最上方為線稿。（※複寫紙與色紙先以夾子固定好。）

2 描過一遍後，線稿便已複印在色紙上了。

3 將它剪下即完成。

變裝囉！

第二單元-手影畫

和 影 子 說 故 事

教具名稱	和影子-說故事
配件內容	對開底板一張 手套動物
多元智慧	● 語文 ● 空間 ● 肢體動覺 ● 人際關係 ☐ 自知自覺 ● 自然觀察 ☐ 邏輯數學

● 手套動物製作

　蝸牛-單色手套

　兔子-彩色手套

　小鳥-單色手套

　小鳥-彩色手套

● 佈置板製作

我們利用手套來表現出手影，並且還可以彩繪上色，藉由手影引導小朋友肢體動覺，讓他們去觀察學習動物的形態，不停的嘗試找出類似或相同的影子造型，佈置板可以做成大型底板，讓它成為話劇牆說故事。

手套動物製作

■ 蝸牛-彩色手套和單色手套

手影的比法

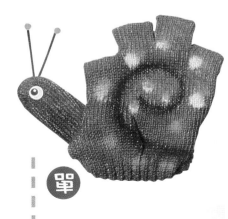

彩

單

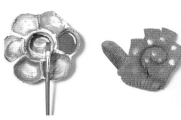

1 可以用彩色的手套來製作，依手影的比法來摺黏。

2 以麥克筆直接繪出蝸形。

● 利用壓克力顏料來繪製，顏色表現豐富。

■ 兔子-彩色手套和單色手套

手影的比法

單

彩

1 背面摺法

2 正面完成，利用色紙剪貼出兔子的眼、鼻與鬍鬚。

● 以壓克力顏料繪製，單面（正面）上色即可。

■ 小鳥-單色手套

單Ⅰ

單Ⅱ

1 背面摺法

2 正面摺法，以色紙黏上眼睛、喙部、鳥尾即完成。

● 除了眼睛和喙部之外，以壓克力顏料來彩繪。

■ 鴿子-彩色手套

手影的比法

1 背面摺法。

2 正面摺法，利用色紙剪貼出翅膀造型即完成。

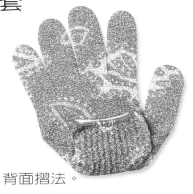

單Ⅲ

● 做法同Ⅱ相同。

■ 小狗-單色手套

手影的比法

1 同手影比法摺出背面。

2 正面即表現出手影的小狗形態。

3 以壓克力顏料彩繪來表現。

和影子 說故事

●利用圖釘釘於手套上，此方法適用於較薄的手套。

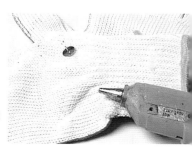

●較厚的手套則以熱熔膠來固定。

■ 佈置版製作

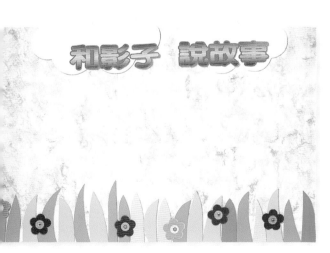

1 將字體列印出來剪下，黏於底板上。（底板利用珍珠板來表現）。

2 利用**圖案打洞器**打出葉子造型再一一貼上，增加立體變化的效果。

第三單元-焦燙畫

尋找丑魚

教具名稱	尋找小丑魚
配件內容	對開紙板1張 海中生物18張 字卡18張
多元智慧	● 語文 ● 空間 ☐ 肢體動覺 ● 人際關係 ● 自知自覺 ● 自然觀察 ● 邏輯數學

● 焦燙畫製作

● 底板製作

● 尋找小丑魚—遊戲辦法

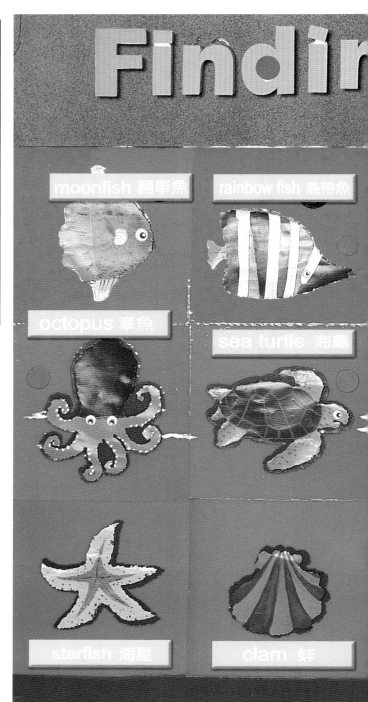

Findir

moonfish 翻車魚

rainbow fish 熱帶魚

octopus 章魚

sea turtle 海龜

starfish 海星

clam 蚌

利用焦燙畫產生的陰陽效果，可以製作成拼圖式的教具遊戲。選擇一個主題來表現：例如本主題採海底世界的主題，焦燙出不同造型的海中生物，讓小朋友來找出你所指定的生物，也同時可以學習英文，多元的智慧，樂趣多多。

焦燙畫製作

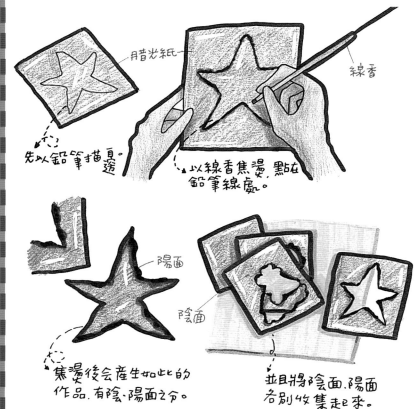

臘光紙

線香

先以鉛筆描透。

以線香焦燙,點在鉛筆線處。

陽面

陰面

焦燙後会産生如此的作品,有陰、陽面之分。

並且將陰面、陽面各別收集起來。

和用壓克力顏料可以塗在陽面上.

Finding

moonfish 翻車魚　　rainbow fish 熱帶魚　　blowfi

cuttlefish 烏賊　　　sea turtle 海龜　　　clown

starfish 海星　　　clam 蚌　　　sea an

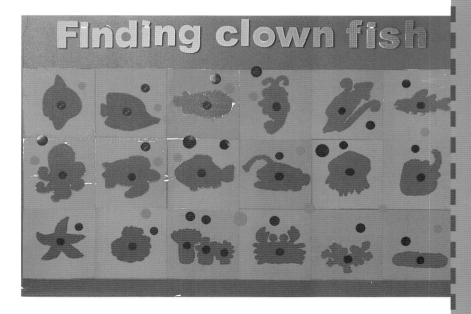

底板製作

★ 準備一塊藍色珍珠板
大小約為92cm×61cm

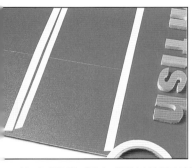

1 先在珍珠板上劃出焦燙畫
陰片組合（16cm×16cm）
18片（左右6片，上下3片），
再黏上雙面膠。

2 將焦燙畫陰片一一組
合拼排貼上。

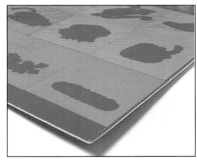

3 貼好陰片後，再鋪黏
上透明的卡典西德。

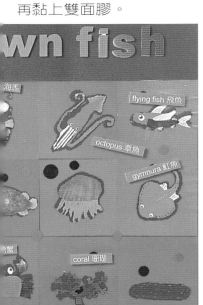

5 利用軟性磁鐵作成活
動式教具。

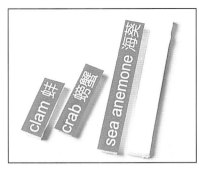

6 英文部份可將其貼在
保麗龍上，背面以保
麗龍膠黏上磁鐵。

尋找小丑魚

線稿附錄　P.91～94

★ 遊戲辦法
1. 家長或老師先將海中生物和英文拿下來，平放在桌上。
2. 請小朋友找出相同外形貼上，直到全對為止。
3. 再請其他小朋友找出其英文和名稱。
4. 英文組合遊戲可讓小朋友學習英文更有樂趣。

flying fish 飛魚

gymnura 魟魚

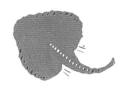

sea turtle 海龜

clam 蚌

coral 珊瑚

octopus 章魚

crab 螃蟹

sea anemone 海葵

例如海星的英文教學可以：老師或家長發問star加上fish等於什麼，由小朋友回答，starfish並試著找出圖案。

 rainbow 彩虹 +  fish 魚 = rainbow fish 熱帶魚

 star 星星 + fish 魚 =  starfish 海星

 sea 海 + cucumber 黃瓜 = sea cucumber 海參

 cuttle 墨汁 + fish 魚 =  cuttlefish 烏賊

 sea 海 + horse 馬 =  sea horse 海馬

 jelly 果凍 + fish 魚 =  jellyfish 水母

 moon 月亮 + fish 魚 = moonfish 翻車魚

 clown 小丑 + fish 魚 =  clown fish 小丑魚

blow 充氣的 + fish 魚 =  blowfish 河豚

 angler 垂釣者 + fish 魚 =  angler fish 鮟鱇魚

flying 飛翔 + fish 魚 =  flying fish 飛魚

第四單元-拓畫押花

認 識 花 朵

教具名稱	認識花朵
配件內容	拓畫作品 屏風書 押花
多元智慧	● 語文 ● 空間 ● 肢體動覺 ☐ 人際關係 ☐ 自知自覺 ● 自然觀察 ☐ 邏輯數學

● 拓畫製作

● 手工書DIY第2招

　-屏風書

● 押花製作

● 押花應用

　　帶領小朋友去觀察花草，讓他們選擇一種花朵來做拓畫，越單純的小野花，或是花瓣數越少的花朵較好製作；再將其作品收集起來，裱於珍珠板上，可掛於牆面上或做成屏風畫，貼上名稱即成為教具書。

　　而製作成簡易押花，做成各種有趣的DIY作用、生活應用，學習多元又有樂趣。

拓畫製作

★ 將採下的花朵置於桌上，可將花瓣拆下組合成喜愛的圖案。
由於花朵和葉子上有天然的顏色，經由敲壓會湛出色素，所以選擇新鮮的花朵效果較好。

1 將花朵剪開，排成喜歡的圖案。

2 鋪上棉紙（或圖畫紙）以槌子輕輕敲壓。

3 湛出的汁液會印染於棉紙上。

手工書DIY第2招-屏風畫

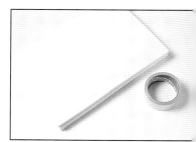

1 將作品裱貼於珍珠板上。

2 兩頁之間黏上一塊長形紙條。

3 再以透明膠帶黏好外表固定。（以此類推）

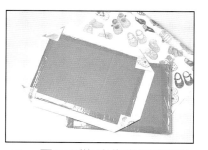

4 封面和封底取較大的紙箱板。

5 同P13做法作封面與封底。

6 封面與第一頁相黏，封底與最後一面相黏，即完成。

押花製作

★ 利用簡易的押花技法製作押花，雖較費時，但表現出的效果也是不錯的!完成的作品可做成DIY生活應用，例如：書卡、小卡片、胸針名牌等，想想看，還可以做成什麼東西呢?

1 將花朵從蒂剪開，再將花朵剪成一半。

2 把一半的花朵和枝葉平放在書本上。

3 再舖上一張棉紙，利用衛生紙墊於枝、葉處。

4 康乃馨也是同樣作法，並夾於另一面。

5 結梗花也是剪開後平放好。

6 每一種花朵皆以同樣的做法製作。

押花應用

1 將做好的壓花小心的以鑷子取下，排成喜歡的圖樣，作成小書簽。並以相片膠黏貼。

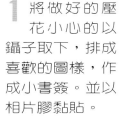

● 一本書大約可放3種花朵，於書本上方重壓幾本書，放於較乾燥處約2～3星期即可。

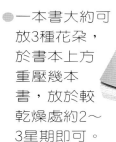

2 也可將取下的壓花裱於色紙上。

第五單元-拓印

走 出 迷 霧 森 林

教具名稱	走出迷霧森林
配件內容	對開底板一張 拓印卡24張
多元智慧	● 語文 ● 空間 ☐ 肢體動覺 ☐ 人際關係 ☐ 自知自覺 ● 自然觀察 ● 邏輯數學

● 拓印製作

● 拓泥與拓印

● 底板製作

● 生活DIY

以拓畫作為主題，我們可以利用水果蔬菜的雕刻來製作，看看它們的切面，也可以用來拓印出有趣的圖案。除了美勞的製作外，應用作出DIY的生活用品：

我們可以利用它作為教具，變化它的顏色以區分，讓小朋友學習辨識色彩和迷宮邏輯。

拓印製作

★以蔬菜水果來說,蓮藕的切面和檸檬的切面,是較具有趣味性和變化;地瓜、紅蘿蔔則比較容易雕刻。

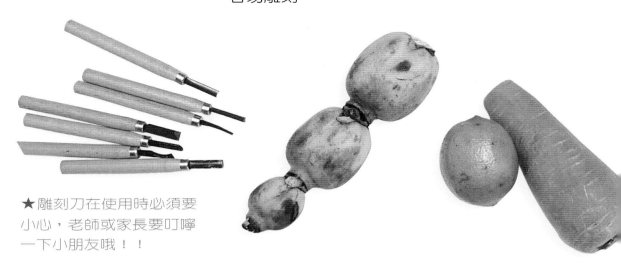

★雕刻刀在使用時必須要小心,老師或家長要叮嚀一下小朋友哦!!

1 將蓮藕切成兩半,看看其切面的造型。也可以從不同的地方切開看看,各有異趣。

2 檸檬切開兩半後,先搾取出果肉,以水清洗內部至乾淨為止,或可將其曬乾。

3 蘿蔔可利用雕刻的技法製作,先將其切半。

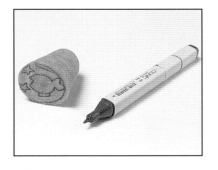

4 利用色筆先畫出欲雕刻的圖案。

5 以雕刻筆慢慢雕出圖案。

6 完成的蔬果拓章。

拓泥與拓印

★準備彩色墨水或以廣告顏料調色，滴於小碟子上，作為印泥盤。

●彩色墨水好利用！！

1 以小紗布放至於滴了墨水的碟子上。並讓它充滿墨水。

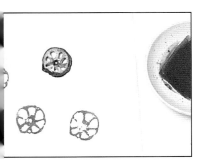

2 以蓮藕切片印於小碟子上的紗布，即可進行拓印。

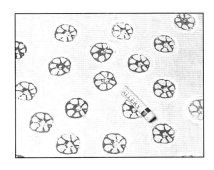

3 印於棉紙上效果比較好，也可在印好的圖案上以蠟筆畫圈。

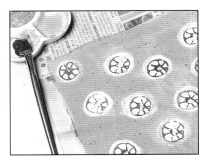

4 再塗上顏色，就成了似蠟染的拓畫了。

★也可以印於包裝紙上，也有不同的效果哦！！

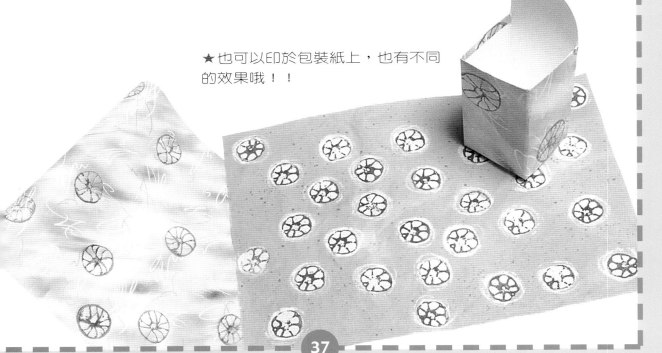

底板製作 線稿附錄 P.95、P96

1 將珍珠板割出雲朵形，裱上色紙後再割出外型，

2 以紙雕技法製作人物、動物造型，使畫面更生動。

3 以電腦列出字體和小花朵，利用珍珠板墊高。

● 也可利用此裱板造型作為更多用途，如公告欄。

4 以線貼貼出格子狀，並拓上圖案。

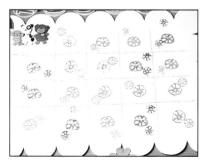

5 先拓出綠色路徑，再於其他每一格，拓上不同的顏色。

6 以粉彩於格子內均勻上色，使畫面看起來更豐富。

生活DIY

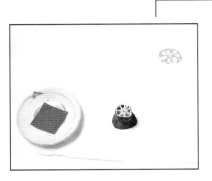

1 以同樣的做法，拓上蓮藕的切面圖案。

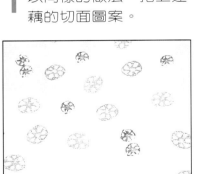

2 以大小不同的形狀作變化，並拓印多種顏色。

3 可以作成包裝紙。

4 或裁成不同大小的尺寸，成為生活的小智惠。

第六單元-孔印畫

星星有幾顆

教具名稱	星星有幾顆
配件內容	對開底板2張 星星卡15張
多元智慧	● 語文 ● 空間 ☐ 肢體動覺 ● 人際關係 ● 自知自覺 ● 自然觀察 ● 邏輯數學

● 各筆觸表現

● 遊戲製作

● 筆觸連連看

● 星星有幾顆遊戲製作

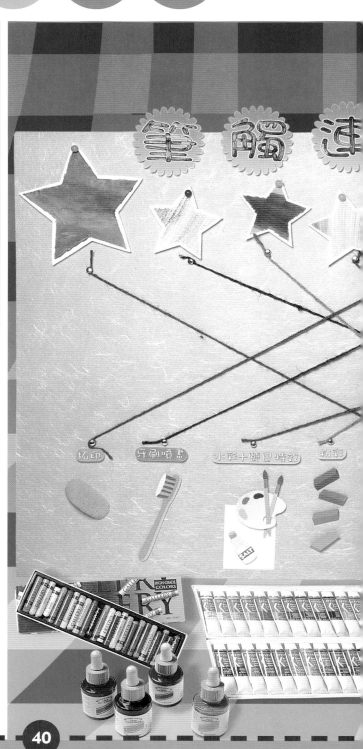

　　利用西卡紙割下星形，做成孔版，再置於畫紙上，以各種顏料和技法在孔版上塗抹，拿起孔版後即完成一個美麗的星星。

※孔版和畫紙要固定好，可利用紙膠帶來固定四邊，製作出的效果會更好。

各筆觸表現

★選擇較薄之西卡紙，圖畫紙或白報紙作為畫紙來製作。

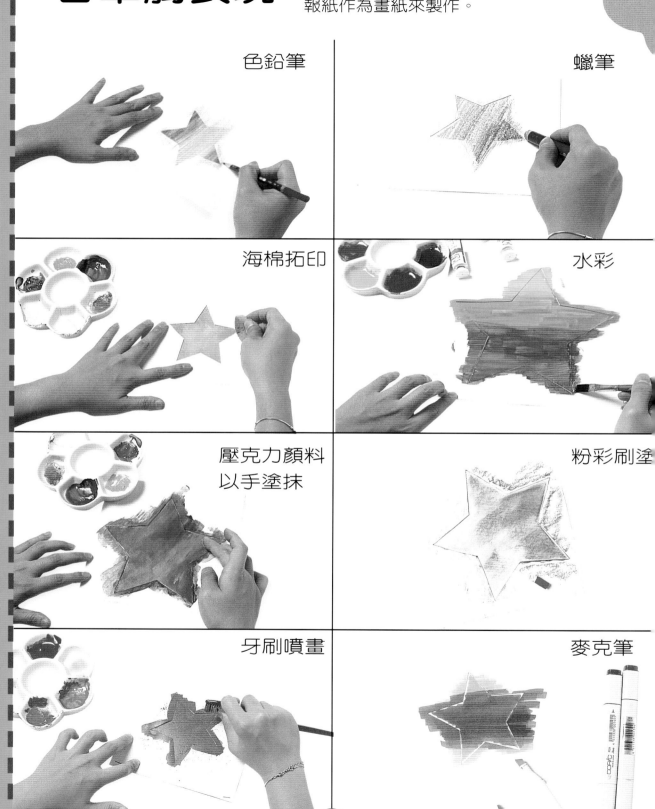

色鉛筆

蠟筆

海棉拓印

水彩

壓克力顏料
以手塗抹

粉彩刷塗

牙刷噴畫

麥克筆

底板製作

線稿附錄　P.96

★ 準備大紙箱來製作底板，並利用卡典西
　 德來剪貼字體和邊框，其窗框和手把、字
　 體底板皆利用保麗龍、珍珠板製作。

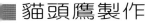

貓頭鷹製作

1 將線稿影印放大後，
　　描於描圖紙上。

2 再於色紙上一一描出
　　各個部份，並貼於珍
　　珠板上。

3 將各部份組合起來。

4 貓頭鷹完成。

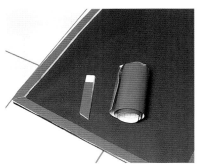

5 窗框以卡點西德來黏
　　貼。

6 再黏上貓頭鷹即完
　　成。

筆觸連連看

★ 準備珍珠板、棉繩和線稿來製作，簡單又快速。

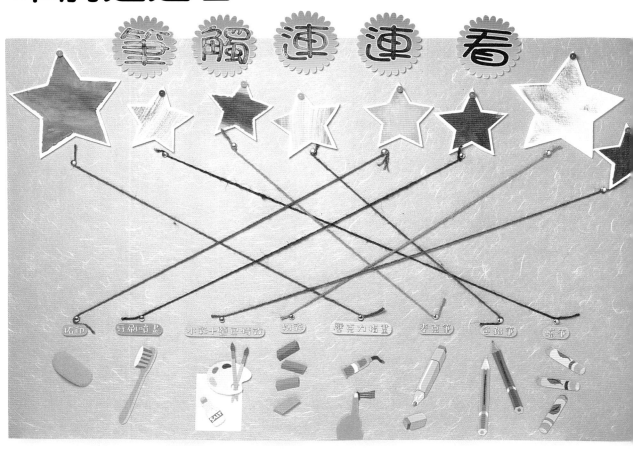

線稿附錄　P.97

筆觸連連看的操作方法則是先將繩子另一頭解開，分組競賽，看哪一組所費時間最少也最聰明。

■ 底板製作

1 在電腦上繪出字體與花邊，列印下來，並貼上底板。

2 星星以圖釘固定，於下方穿入雙腳釘。

3 翻於背面，將雙腳釘二腳往下壓平。

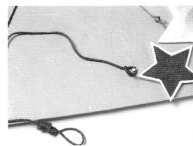

4 以麻繩綁於雙腳釘內即成了活動式的教具。

星星有幾顆遊戲製作

●利用電腦繪圖作字體，
　並列印下來。

●把名稱貼於星星背面。
　（星星裱貼於珍珠板上）

★遊戲方法
1. 首先先讓學生練習筆觸，
　並熟悉各媒材。
2. 將星星釘上底板後，
　家長或老師可以指定學
　生去指出色鉛筆是哪一
　顆星。並由他們自己去
　翻開答案。

●星星釘上圖釘，就成了活動
　式的教具。

第七單元-擦印畫

認 識 質

教具名稱	認識材質
配件內容	盒裝書1盒 材質作品
多元智慧	● 語文 ☐ 空間 ☐ 肢體動覺 ☐ 人際關係 ☐ 自知自覺 ● 自然觀察 ☐ 邏輯數學

● 擦印製作

● 手工書DIY第3招

　-盒裝書

讓小朋友們自己去找尋紋路表面作擦畫，舖上較薄的紙張，以色鉛筆或蠟筆在紙上擦印，紋路便會顯現在紙上。將擦印作品裱貼起來，利用紙盒作成盒裝書，成為了材質書教具。

擦印製作

★ 準備圖畫紙或棉紙等較薄的紙張，和
色鉛筆或蠟筆做擦印。

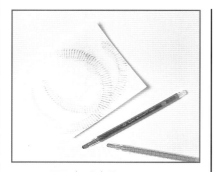

利用圓紙盤 作變化。

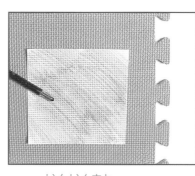

利用拼拼墊 畫出紋路。

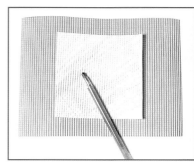

瓦楞紙 的線條花紋。

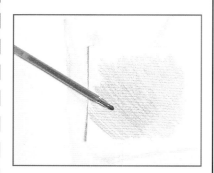

紗網 的格狀花紋。

玻璃瓶 上的花紋作連
續擦印。

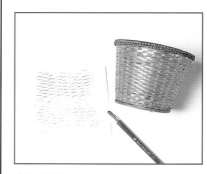

竹籃 上的編織紋理。

錢幣 擦印。

地磚 也可以作不同的擦印。

手工書DIY第3招
～盒裝書～

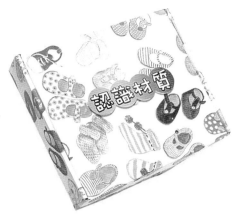

1 將紙盒分解開來

2 包裝紙裱貼於正面，多餘的部份割掉。

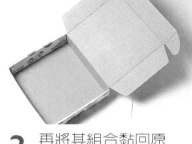

3 再將其組合黏回原形。

4 在紙板上量出比紙盒小一點的大小，並且將它裁下。

5 把擦印畫作品裁成同一大小，裱貼於紙板正中間。

★ 於背面貼上註明文字即完成。

第八單元-拼貼畫

幾何 組合

教具名稱	幾何形組合
配件內容	各種幾何形200張 底板2張
多元智慧	● 語文 ● 空間 ● 肢體動覺 ● 人際關係 ☐ 自知自覺 ● 自然觀察 ● 邏輯數學

★以幾何形或剪半的方式來組合，
打洞器可以打出眼睛的圓點。

● 幾何形拼貼 I

● 幾何形拼貼 II

以簡單的幾何形來作出可愛的各種造形，如方形、圓形、三角形、橢圓、經過剪半或組合，可以變化出更多圖形。家長或老師可以先利用七巧板，讓小朋友作簡單的練習，再進階以色紙做幾何形的剪貼。

幾何形拼貼 I

兔子

牛

卡車

飛機

直升機

輪船

飛碟

熱帶魚

豹

平房

火箭

潛水挺

機車

太陽

小魚

幾何形拼貼 II

水果

帆船

茶具

女孩

蜻蜓

女孩

小熊

老鼠

小狗

酒杯

聖誕樹

男孩

禮物

小鳥

花朵

棒棒糖

神殿

第九單元-立體組合

可 愛 動 物

教具名稱	可愛動物
配件內容	各種形狀保麗龍球
多元智慧	● 語文 ● 空間 ● 肢體動覺 ● 人際關係 ☐ 自知自覺 ● 自然觀察 ● 邏輯數學

● 保麗龍球組合技法

● 保麗龍球上色

● 立體形範例解析

　　利用多種形狀的保麗龍球，可以組合出許多有趣的造型，培養孩子們對物體形態的觀察，簡單的製作技法，不論是小朋友、大朋友都能得心應手，除了利用紙黏土塑形，保麗龍球的輕巧和便利更適合形態的表現。

保麗龍球組合技法

■ 利用牙籤

1 利用牙籤尖的一頭先鑽出洞孔。

2 插入後剪掉一半。

3 將牙籤拔出,沾上白膠,將鈍的一頭插入,欲組合另一個保麗龍球時,即以尖頭再插出洞孔黏入組合。

■ 利用相片膠

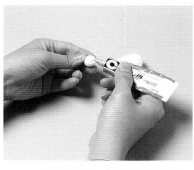

4 相片膠具有腐蝕保麗龍的效果,利用此效果可以組合球與球的黏接面。

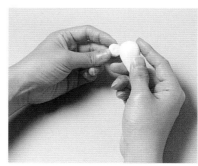

5 只須一點點膠即可。

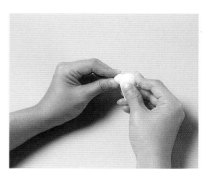

6 馬上用力向下壓,轉幾下即完成。

保麗龍球上色

■ 壓克力顏料

利用壓克力顏料可以塗在光滑面上,其顏料具防水的功能並具光澤性,不須沾太多水調色,很快就可以塗繪完成。

■ 麥克筆

直接以麥克筆在作品上繪製,多次上色顏色較顯著。

■ 棉紙

將棉紙撕成小塊,再利用白膠貼舖上保麗龍球。

立體形範例解析

■ 企鵝

嘴　頭

鰭×2　腳×2

身體

■ 鱷魚

眼　眼

鼻子×2　小棘鰭×2

嘴

手腳×4　身體　棘鰭

■ 人物　頭　身體　手×2　腳×2

■ 豬　鼻　頭　耳×2　腳×2　身體　腳×2

■ 蜜蜂　觸鬚×2　頭　翅膀×2　身體

■ 直升機　支撐點　螺旋槳×4　機身　機尾

■ 烏龜　頭　身體　尾　腳

■ 老鼠　耳×2　身體　鼻子

■ 熊

耳×2

頭

鼻

身體

腳×2

腳×2

■ 鯨魚

鰭

身體

鰭

■ 鳥

頭

身體

嘴

腳×2

尾×3

■ 青蛙

眼×2

頭

腿×2

身體

蹼×2

■ 花

花瓣×8　花蕊

座　葉子

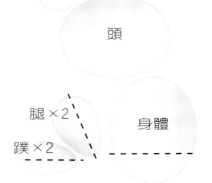

第十單元-摺紙

變臉遊戲

教具名稱	變臉遊戲
配件內容	紙臉4幅
多元智慧	● 語文 ● 空間 ● 肢體動覺 □ 人際關係 □ 自知自覺 ● 自然觀察 □ 邏輯數學

●基本摺法

●黑人範例

●娃娃範例

●女孩範例

利用簡單的摺紙技法，摺出人物頭部造型，經剪黏後更可製作出活動式的臉部表情：可以讓學生們分組製作，再利用製作出的人偶說故事，培養他們的人際關係，互信互助的觀念和組織的能力，除了美勞的製作，還能成為多元的教具。

基本摺法

線稿附錄　P.99

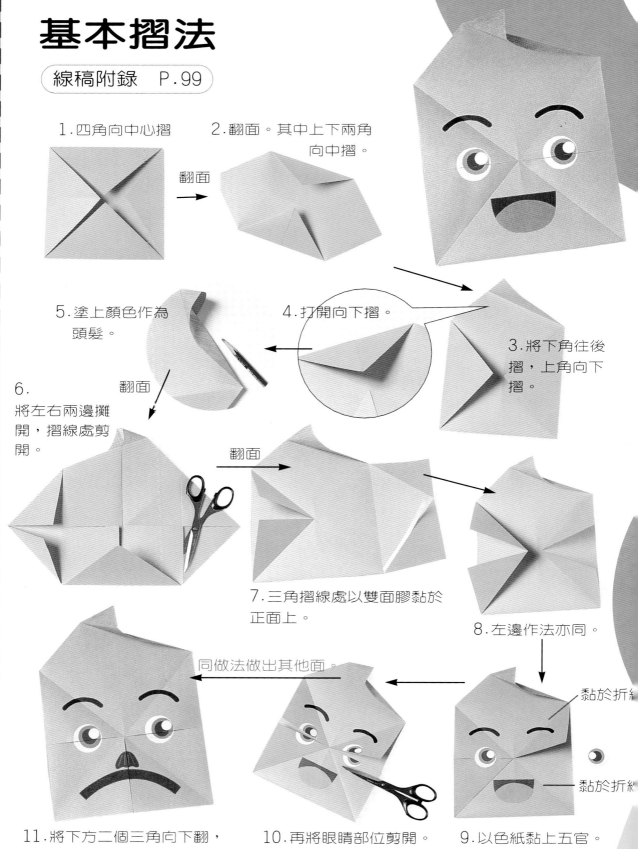

1.四角向中心摺

翻面

2.翻面。其中上下兩角
　　向中摺。

3.將下角往後
摺,上角向下
摺。

4.打開向下摺。

5.塗上顏色作為
　頭髮。

翻面

6.
將左右兩邊攤
開,摺線處剪
開。

翻面

7.三角摺線處以雙面膠黏於
　正面上。

8.左邊作法亦同。

黏於折約

黏於折約

同做法做出其他面。

11.將下方二個三角向下翻,
　　即為另一個嘴部的變化。

10.再將眼睛部位剪開。

9.以色紙黏上五官。

黑人範例 線稿附錄 P.99

★眼睛先黏於 1 上，小心割開成三部份。
將上2片向上翻，成了 2 造型，下2片向下翻即為 3 。
回到1造型，下2片向下翻，即為 4 。

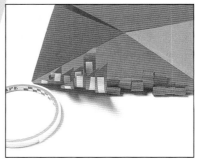

重點做法

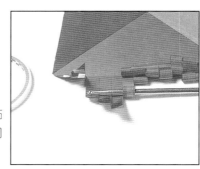

1 頭髮剪成條狀後，於末端黏上雙面膠。

2 以細桿捲曲黏於正面上，即成捲髮造型。

娃娃範例 線稿附錄 P.99

★此娃娃的眼睛黏於下方兩個三角形內，翻開另
　一面則又變化出另一個眼部。
此娃娃範例作法可變化出七種表現。

女孩範例 （線稿附錄 P.98）

★在臉部外再黏上頭髮、眼鏡、讓頭部造型更豐富。

■ 重點製作

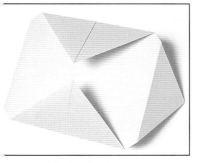

1 頭上角向後摺。

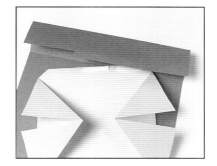

2 貼上泡棉膠，黏接頭與頭髮，並增加立體感。

3 頭髮上方兩角向後摺並黏貼好。

第十一單元-撕貼畫

數字
一猜

教具名稱	數字猜一猜
配件內容	數字卡20個 青蛙圖叉5個
多元智慧	● 語文 ● 空間 ☐ 肢體動覺 ☐ 人際關係 ☐ 自知自覺 ● 自然觀察 ● 邏輯數學

●撕貼技法

●數字表現

●底板製作—紙箱運用

●附加物作法

利用過期的月曆紙、雜誌作撕貼。此單元以認識數字、辨識顏色為主要目的，將數字和圓形背景以不同色系的撕貼表現，底板佈置情境化，把指示物（青蛙）作成活動式，讓它成為一個可互動的教具。

撕貼技法

★準備過期的月曆或雜誌，以電腦列印出的數字，及白膠或相片膠皆可。

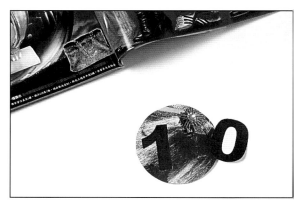

1 將雜誌或月曆裁下一個圓形紙片，貼上數字。

2 選擇不同顏色或特殊花樣圖案來撕貼。

3 利用對比色製作也有不錯的效果。（辨識度提高）

4 將圓紙片裱貼於珍珠板上，以切割器裁下。

■ 數字表現

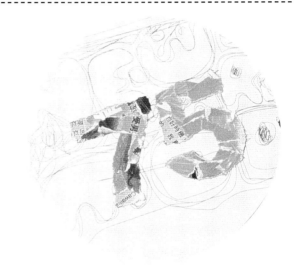

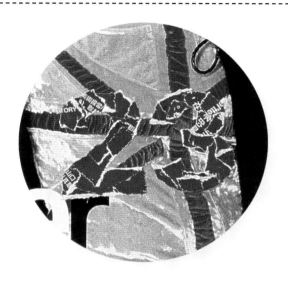

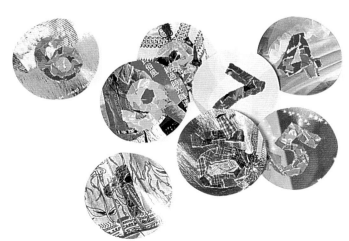

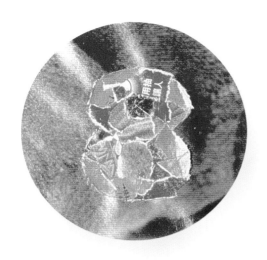

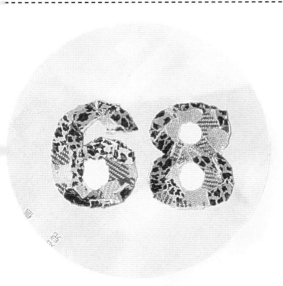

底板製作

★除了紙板、珍珠板，也可利用廢棄物如紙箱、廣告看板，經過裁切與黏貼，即成為一塊堅固的底板。

■ 紙箱運用

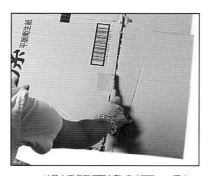

1 將紙箱兩邊割下，剩中間大塊的部份。

2 把邊修剪整齊。

3 把外面有摺痕處再補貼上一塊之前剪下的紙板。

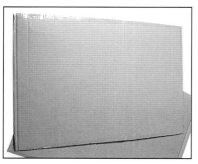

4 翻回另一面，並於四邊貼上透明膠帶。

5 拿一張較大的底紙裱於正面，翻面，四角向內貼。

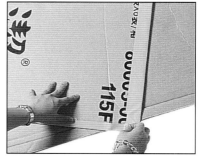

6 再將四邊向內摺黏。
（最好再加貼雙面膠帶以牢固。）

4 以電腦列印出字體後，再裱貼於不要的紙箱板上。

5 如此字體部份與底板可做層次立體的變化。

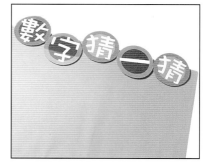

6 將其黏於底板上即完成。

附加物作法 線稿附錄 P.96

● 利用線稿製作青蛙，背面黏上保麗龍。

1 以牙籤尖頭插出洞孔後，再將它拔出。

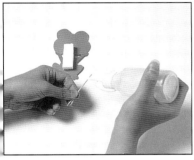
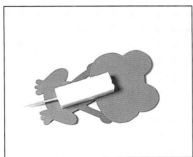

2 在另一頭塗上保麗龍膠，插入保麗龍內。

3 留出一截牙籤利於釘插活動。

4 把數字以保麗龍膠固定於底板上，活動式的青蛙可以直接插於數字上

第十二單元-立體卡片

教具名稱	立體單元書
配件內容	立體卡片作品
多元智慧	● 語文 ● 空間 ☐ 肢體動覺 ☐ 人際關係 ☐ 自知自覺 ☐ 自然觀察 ● 邏輯數學

● 第一週―美麗的花兒

● 第二週―夏天的活動

● 第三週―親愛的媽媽

● 第四週―我愛吃水果

● 第五週―父親節快樂

● 第六週―一起做環保

● 第七週―生日快樂

● 第八週―可愛動物

● 手工書DIY第4招―精裝書

通常教師們所使用的單元表平面式，如海報；我們可以利勞作作品製作成單元表，將線影印放大後，只要照著指示摺、黏，即可做成一件件立體卡片，再將其組合起來，便可成為單元表或作品集，讓學生們產生新鮮感，提升學習樂趣。

第一週 美麗的花兒

★可利用彩色膠帶來表現包裝紙的部份，花朵的部份可使用泡棉膠來表現立體的效果。

影印放大150%

--- 山線　　　谷線 ——— 割線

第二週　夏天的活動

★人物部份為翻摺的效果，也可以割出海浪，再將人物各別貼上即可。我們也可以利用線稿在圖畫身上上色再摺，也是一個快速的方法。

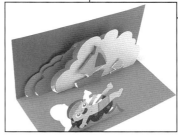

影印放大150%

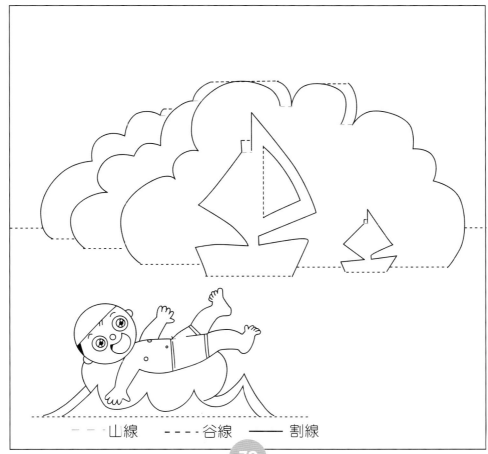

- - - 山線　- - - - 谷線　—— 割線

第三週 親愛的媽媽

★ 選擇較淺的底紙來製作，主題的部份上色或剪黏上其他顏色即可。

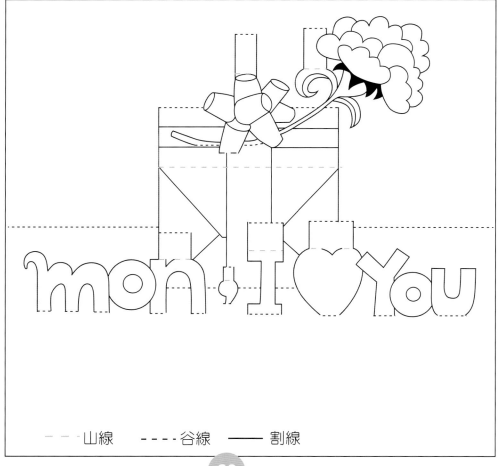

影印放大150%

── 山線　── 谷線　── 割線

第四週 我愛吃水果

★.利用立體厚度的效果，營造出西瓜的立體感，並利用線稿將主角剪貼上，其男孩腮紅部份可用粉彩來表現。

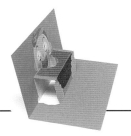

影印放大150%

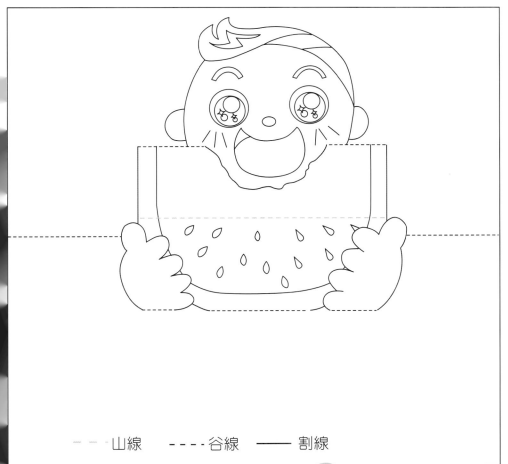

- - - 山線   - - - - 谷線   —— 割線

第五週　父親節快樂

★　利用線稿摺出紙卡後，地板利用彩色膠帶，貼於白紙上剪成條狀後貼上，形成了地磚。

影印放大150％

- - - 山線　- - - - 谷線　—— 割線

第六週　一起做環保

★　以政府的環保標章和圖案做為卡片的主角，其中資源回收筒，則各別剪貼後再貼上方塊處。在卡片上可再貼上一些說明，加強主題解說。

影印放大160%

紅辣椒

翡翠蛙

藍博士

黃金鼠

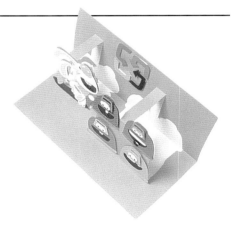

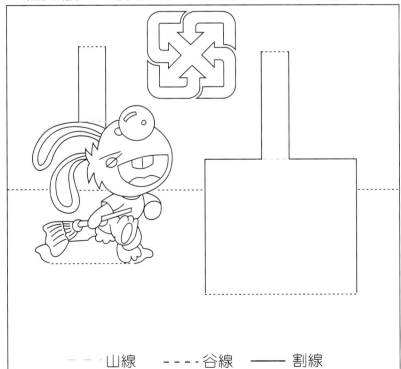

愛護環境標章　　環保兔

資源回收小知識	
綠色（翡翠蛙）	－玻璃＋塑膠
藍色（藍博士）	－紙類
黃色（黃金鼠）	－金屬類
紅色（紅辣椒）	－不可燃雜物

－－－山線　－－－－谷線　―――割線

第七週 生日快樂

★ 利用淺色底紙，可直接塗上顏色。煙火部份則由另一藍色色紙割出弧線，再做翻摺即成。在切割蛋糕垂直線時要注意長短位置。

1 將線稿影印放大，固定於色紙上。

2 以無水的原子筆壓描。

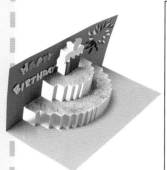

3 直接以色鉛筆塗繪蛋糕。

影印放大150%

4

在另一張藍色色紙上割出弧線(表煙火)，再貼上卡片。字體可用泡棉膠墊出立體感。

- - - 山線 - - - - 谷線 —— 割線

第八週　可愛動物

★ 利用階梯式層次表現立體，在垂直面黏上動物，便會讓動物在卡片打開時立起。採用鮮艷豐富的顏色，讓動物更顯眼。

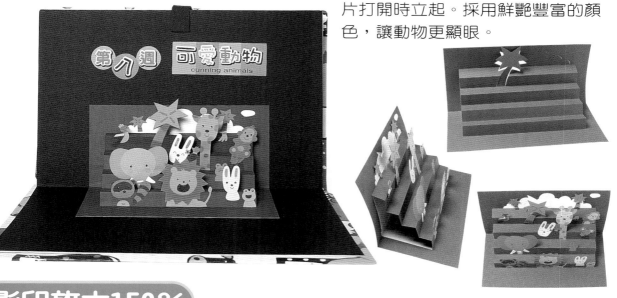

影印放大150%

- - - 山線　　- - - - 谷線　　——— 割線

手工書DIY第4招～精裝書

■ 內頁製作

1 把卡片翻至背面，以雙面膠黏邊和中間摺線處。

2 紙板背面以刀背輕劃出摺痕。

3 將卡片黏於紙板正中間，對齊紙板中線。（先黏上，再黏下）

4 於對摺處黏上透明膠帶，使其不致容易脫落。

5 其它單元作法相同，完成後以雙面膠相黏。

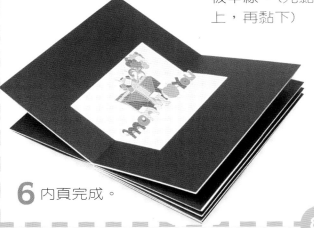

6 內頁完成。

▲內頁外側。

■ 封面製作

1 先量出內頁之長寬和厚度,再準備較大的紙板,裁切出封面、封底與書背。

2 以包裝紙來裱貼製作書外皮。

3 其做法同P13精裝書夾,先黏四角,再黏四邊。

4 完成後向內摺。

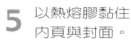

5 以熱熔膠黏住內頁與封面。

6 精裝書完成。

7 利用背帶黏於封面上,加上魔鬼氈,內頁上方也加上一塊魔鬼氈。

8 如此可以在翻開時固定住垂直角度,不致讓內頁翹起或翻動。

稿

錄

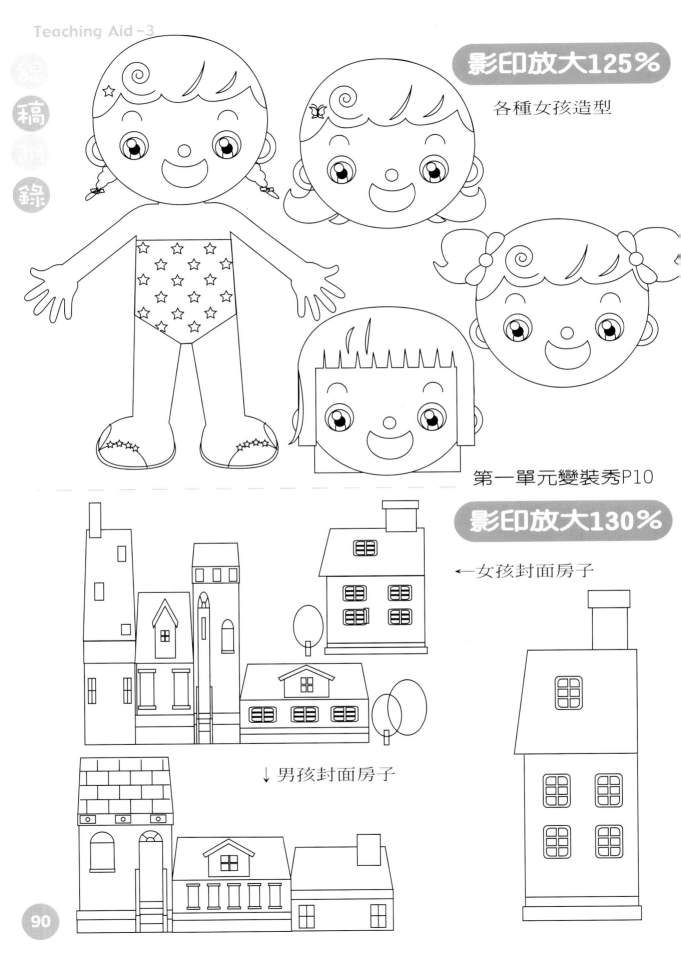

影印放大125%

各種女孩造型

第一單元變裝秀P10

影印放大130%

←女孩封面房子

↓男孩封面房子

第三單元尋找小丑魚P24

影印放大100%

影印放大100%

第三單元尋找小丑魚P24

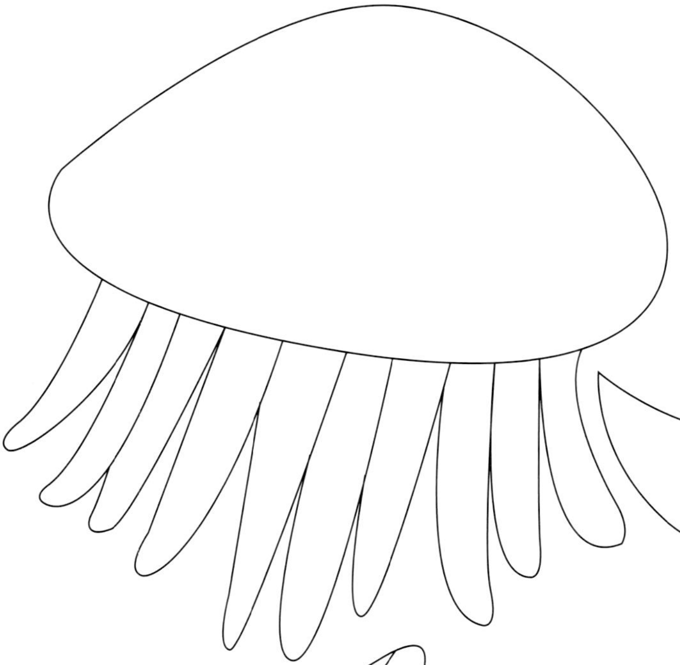

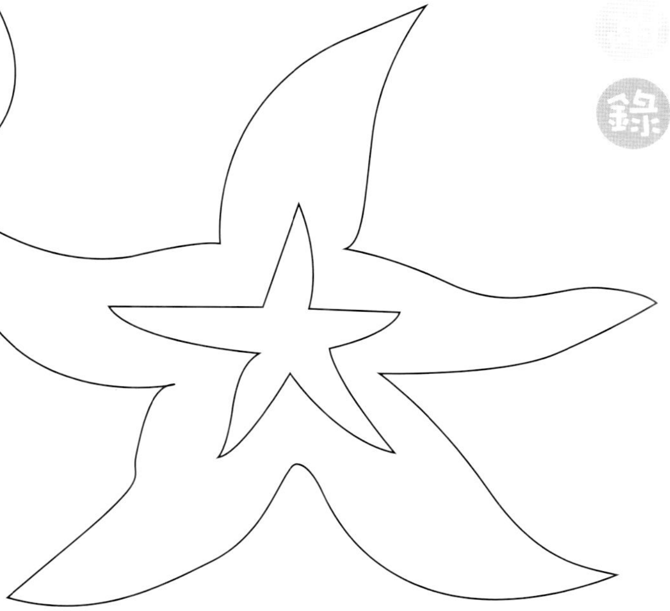

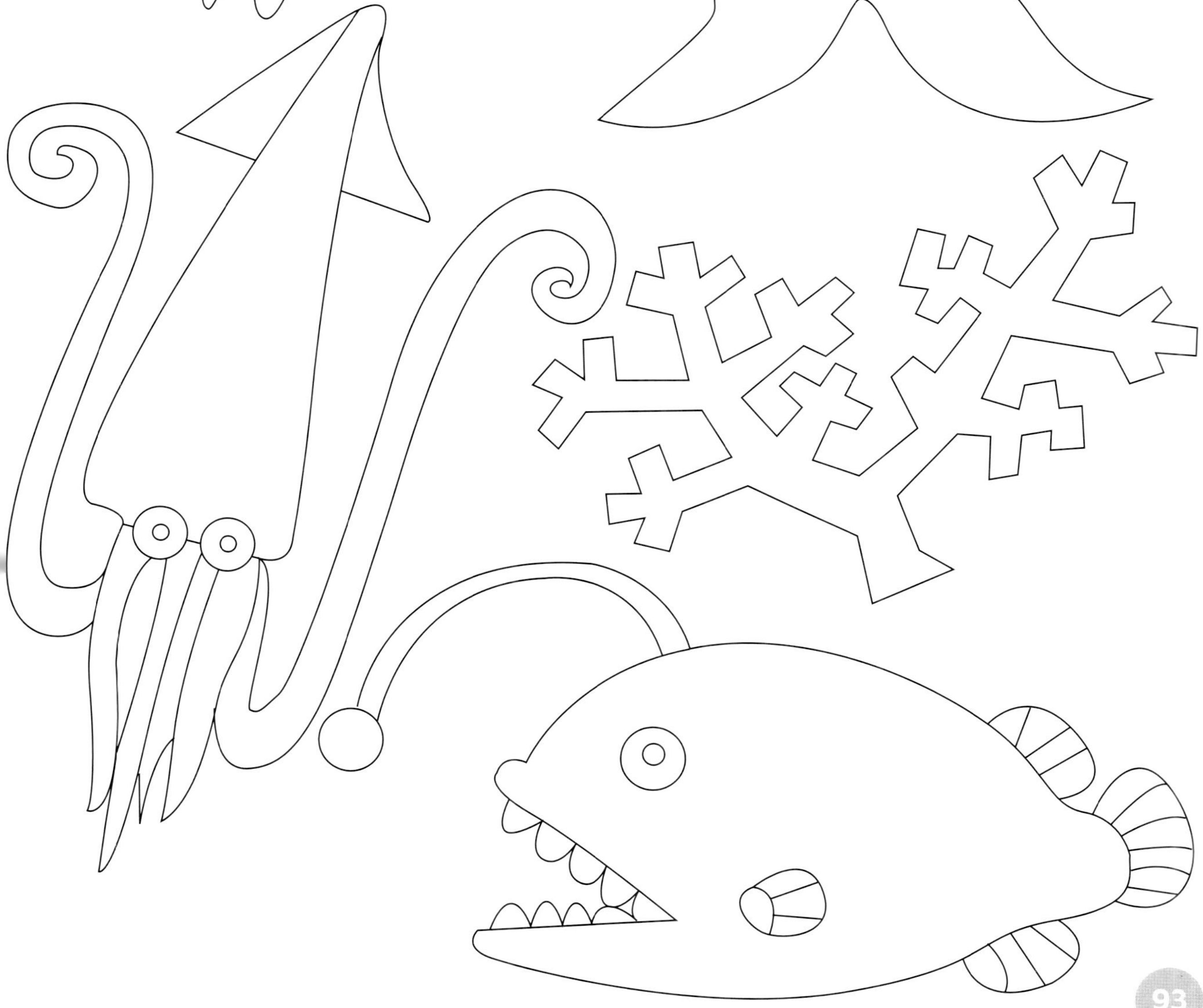

影印放大100%

第四單元認識花朵P30

章魚

海葵

第三單元尋找小丑魚P24

94

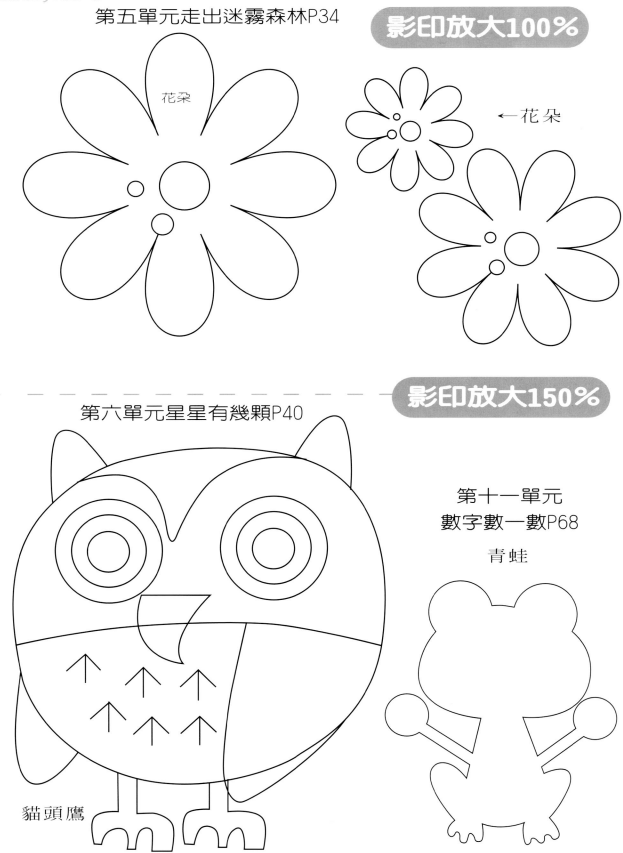

第五單元走出迷霧森林P34

影印放大100％

花朵

←花朵

影印放大150％

第六單元星星有幾顆P40

第十一單元
數字數一數P68

青蛙

貓頭鷹

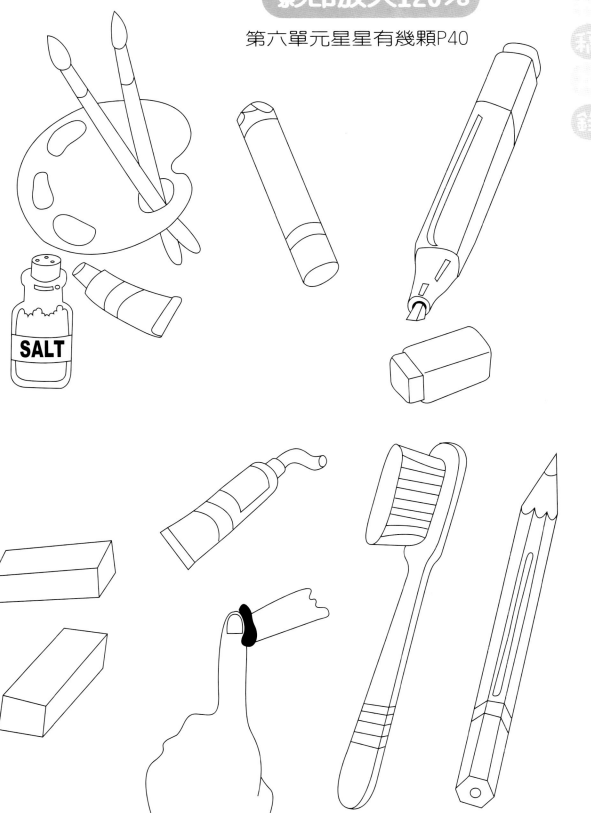

SALT

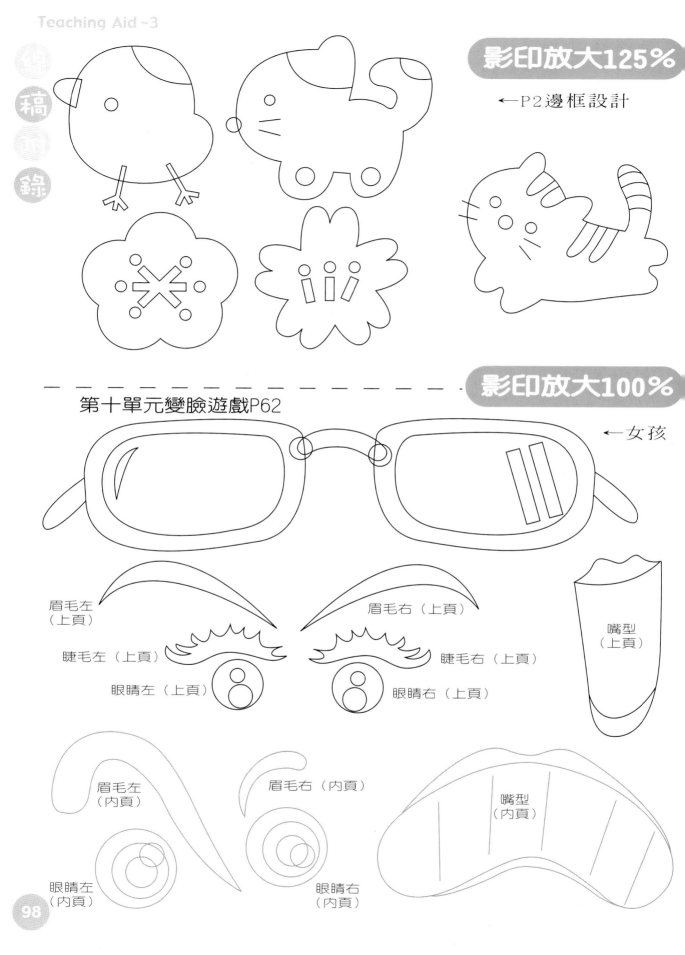

影印放大125%

←P2邊框設計

影印放大100%

第十單元變臉遊戲P62

←女孩

眉毛左
（上頁）

眉毛右（上頁）

睫毛左（上頁）

睫毛右（上頁）

眼睛左（上頁）

眼睛右（上頁）

嘴型
（上頁）

眉毛左
（內頁）

眉毛右（內頁）

嘴型
（內頁）

眼睛左
（內頁）

眼睛右
（內頁）

← 小孩

影印放大100％

第十單元變臉遊戲P62

眉毛×2
（上頁）

鼻子（上頁）

眼睛×2
（上頁）

嘴型（上頁）

眉毛×2
（內頁）

眼睛左
（內頁）

眼睛右
（內頁）

眼淚左（內頁）

鼻子
（內頁）

眼淚右
（內頁）

嘴型（內頁）

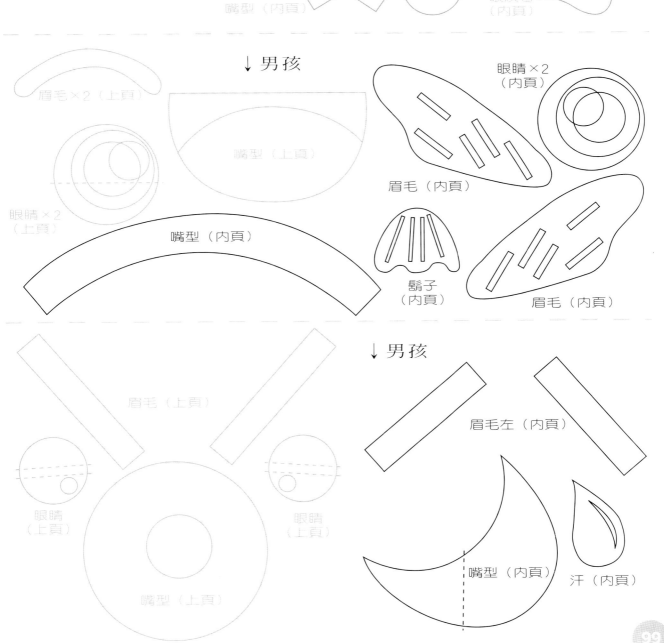

↓ 男孩

眉毛×2（上頁）

嘴型（上頁）

眼睛×2
（上頁）

嘴型（內頁）

眼睛×2
（內頁）

眉毛（內頁）

鬍子
（內頁）

眉毛（內頁）

↓ 男孩

眉毛（上頁）

眼睛
（上頁）

眼睛
（上頁）

嘴型（上頁）

眉毛左（內頁）

嘴型（內頁）

汗（內頁）

新形象出版圖書目錄

郵撥: 0510716-5　陳偉賢　地址:北縣中和市中和路322號8F之1
TEL: 29207133 · 29278446　　FAX : 29290713

一. 美術設計類

代碼	書名	定價
00001-01	新插畫百科(上)	400
00001-02	新插畫百科(下)	400
00001-04	世界名家包裝設計(大8開)	600
00001-06	世界名家插畫專輯(大8開)	600
00001-09	世界名家兒童插畫(大8開)	650
00001-05	藝術.設計的平面構成	380
00001-10	商業美術設計(平面應用篇)	450
00001-07	包裝結構設計	400
00001-11	廣告視覺媒體設計	400
00001-15	應用美術.設計	400
00001-16	插畫藝術設計	400
00001-18	基礎造型	400
00001-21	商業電腦繪圖設計	500
00001-22	商標造型創作	380
00001-23	插畫彙編(事物篇)	380
00001-24	插畫彙編(交通工具篇)	380
00001-25	插畫彙編(人物篇)	380
00001-28	版面設計基本原理	480
00001-29	D.T.P(桌面排版)設計入門	480
X0001	印刷設計圖案(人物篇)	380
X0002	印刷設計圖案(動物篇)	380
X0003	圖案設計(花木篇)	350
X0015	裝飾花邊圖案集成	450
X0016	實用聖誕圖案集成	380

二. POP 設計

代碼	書名	定價
00002-03	精緻手繪POP字體3	400
00002-04	精緻手繪POP海報4	400
00002-05	精緻手繪POP展示5	400
00002-06	精緻手繪POP應用6	400
00002-08	精緻手繪POP字體8	400
00002-09	精緻手繪POP插圖9	400
00002-10	精緻手繪POP畫典10	400
00002-11	精緻手繪POP個性字_1	400
00002-12	精緻手繪POP校園篇12	400
00002-13	POP廣告 1.理論&實務篇	400
00002-14	POP廣告 2.麥克筆字體篇	400
00002-15	POP廣告 3.手繪創意字篇	400
00002-18	POP廣告 4.手繪POP製作	400
00002-22	POP廣告 5.店頭海報設計	450
00002-21	POP廣告 6.手繪POP字體	400
00002-26	POP廣告 7.手繪海報設計	450
00002-27	POP廣告 8.手繪軟筆字體	400
00002-16	手繪POP的理論與實務	400
00002-17	POP字體篇-POP正體自學1	450
00002-19	POP字體篇-POP個性自學2	450
00002-20	POP字體篇-POP變體字3	450
00002-24	POP字體篇-POP變體字4	450
00002-31	POP字體篇-POP創意自學5	450
00002-23	海報設計 1.POP秘笈-學習	500
00002-25	海報設計 2.POP秘笈-綜合	450
00002-28	海報設計 3.手繪海報	450
00002-29	海報設計 4.精緻海報	500
00002-30	海報設計 5.店頭海報	500
00002-32	海報設計 6.創意海報	450
00002-34	POP高手1-POP字體(變體字)	400
00002-33	POP高手2-POP商業廣告	400
00002-35	POP高手3-POP廣告實例	400
00002-36	POP高手4-POP實務	400
00002-39	POP高手5-POP插畫	400
00002-37	POP高手6-POP視覺海報	400
00002-38	POP高手7-POP校園海報	400

三.室內設計透視圖

代碼	書名	定價
00003-01	籃白相間裝飾法	450
00003-03	名家室內設計作品專集(8開)	600
00002-05	室內設計製圖實務與圖例	650
00003-05	室內設計製圖	650
00003-06	室內設計基本製圖	350
00003-07	美國最新室內透視圖表現1	500
00003-08	展覽空間規劃	650
00003-09	店面設計入門	550
00003-10	流行店面設計	450
00003-11	流行餐飲店設計	480
00003-12	居住空間的立體表現	500
00003-13	精緻室內設計	800
00003-14	室內設計製圖實務	450
00003-15	商店透視-麥克筆技法	500
00003-16	室內外空間透視表現法	480
00003-18	室內設計配色手冊	350

代碼	書名	定價
00003-21	休閒俱樂部.酒吧與舞台	1,200
00003-22	室內空間設計	500
00003-23	櫥窗設計與空間處理(平)	450
00003-24	博物館&休閒公園展示設計	800
00003-25	個性化室內設計精華	500
00003-26	室內設計&空間運用	1,000
00003-27	萬國博覽會&展示會	1,200
00003-33	居家照明設計	950
00003-34	商業照明-創造活潑生動的	1,200
00003-29	商業空間-辦公室.空間.傢俱	650
00003-30	商業空間-酒吧.旅館及餐廳	650
00003-31	商業空間-商店.巨型百貨公司	650
00003-35	商業空間-辦公傢俱	700
00003-36	商業空間-精品店	700
00003-37	商業空間-餐廳	700
00003-38	商業空間-店面櫥窗	700
00003-39	室內透視繪製實務	600

四.圖學

代碼	書名	定價
00004-01	綜合圖學	250
00004-02	製圖與識圖	280
00004-04	基本透視實務技法	400
00004-05	世界名家透視圖全集(大8開)	600

五.色彩配色

代碼	書名	定價
00005-01	色彩計畫(北星)	350
00005-02	色彩心理學-初學者指南	400
00005-03	色彩與配色(普級版)	300
00005-05	配色事典(1)集	330
00005-05	配色事典(2)集	330
00005-07	色彩計畫實用色票集+129a	480

六. SP 行銷.企業識別設計

代碼	書名	定價
00006-01	企業識別設計(北星)	450
B0209	企業識別系統	400
00006-02	商業名片(1)-(北星)	450
00006-03	商業名片(2)-創意設計	450
00006-05	商業名片(3)-創意設計	450
00006-06	最佳商業手冊設計	600
A0198	日本企業識別設計(1)	400
A0199	日本企業識別設計(2)	400

七.造園景觀

代碼	書名	定價
00007-01	造園景觀設計	1,200
00007-02	現代都市街道景觀設計	1,200
00007-03	都市水景設計之要素與概	1,200
00007-05	最新歐洲建築外觀	1,500
00007-06	觀光旅館設計	800
00007-07	景觀設計實務	850

八. 繪畫技法

代碼	書名	定價
00008-01	基礎石膏素描	400
00008-02	石膏素描技法專集(大8開)	450
00008-03	繪畫思想與造形理論	350
00008-04	魏斯水彩畫專集	650
00008-05	水彩靜物圖解	400
00008-06	油彩畫技法1	450
00008-07	人物靜物的畫法	450
00008-08	風景表現技法 3	450
00008-09	石膏素描技法4	450
00008-10	水彩.粉彩表現技法5	450
00008-11	描繪技法6	350
00008-12	粉彩表現技法7	400
00008-13	繪畫表現技法8	500
00008-14	色鉛筆描繪技法9	400
00008-15	油畫配色精要10	400
00008-16	鉛筆技法11	350
00008-17	基礎油畫12	450
00008-18	世界名家水彩(1)(大8開)	650
00008-20	世界水彩畫家專集(3)(大8開)	650
00008-22	世界名家水彩專集(5)(大8開)	650
00008-23	壓克力畫技法	400
00008-24	不透明水彩技法	400
00008-25	新素描技法解說	350
00008-26	畫鳥.話鳥	450
00008-27	噴畫技法	600
00008-29	人體結構與藝術構成	1,300
00008-30	藝用解剖學(平裝)	350
00008-65	中國畫技法(CD/ROM)	500
00008-32	千嬌百態	450
00008-33	世界名家油畫專集(大8開)	650
00008-34	畫畫技法	450

代碼	書名	定價
00008-37	粉彩畫技法	450
00008-38	實用繪畫範本	450
00008-39	油畫基礎畫法	450
00008-40	用粉彩來捕捉個性	550
00008-41	水彩拼貼技法大全	650
00008-42	人體之美實體素描技法	400
00008-44	噴畫的世界	500
00008-45	水彩技法圖解	450
00008-46	技法1-鉛筆畫技法	350
00008-47	技法2-粉彩筆畫技法	450
00008-48	技法3-沾水筆.彩色墨水技法	450
00008-49	技法4-野生植物畫法	400
00008-50	技法5-油畫質感	450
00008-57	技法6-陶藝教室	400
00008-59	技法7-陶藝彩繪的裝飾技巧	450
00008-51	如何引導觀畫者的視線	450
00008-52	人體素描-裸女繪畫的姿勢	400
00008-53	大師的油畫祕訣	750
00008-54	創造性的人物速寫技法	600
00008-55	壓克力膠彩全技法	450
00008-56	畫彩百科	500
00008-58	繪畫技法與構成	450
00008-60	繪畫藝術	450
00008-61	新麥克筆的世界	660
00008-62	美少女生活插畫集	450
00008-63	軍事插畫集	500
00008-64	技法6-品味陶藝專門技法	400
00008-66	精細素描	300
00008-67	手槍與軍事	350

九. 廣告設計.企劃

代碼	書名	定價
00009-02	CI與展示	400
00009-03	企業識別設計與製作	400
00009-04	商標與CI	400
00009-05	實用廣告學	300
00009-11	1-美工設計完稿技法	300
00009-12	2-商業廣告印刷設計	450
00009-13	3-包裝設計典線面	450
00001-14	4-展示設計(北星)	450
00009-15	5-包裝設計	450
00009-14	CI視覺設計(文字媒體應用)	450

代碼	書名	定價
00009-16	被遺忘的心形象	150
00009-18	綜藝形象100序	150
00006-04	名家創意系列1-識別設計	1,200
00009-20	名家創意系列2-包裝設計	800
00009-21	名家創意系列3-海報設計	800
00009-22	創意設計-啟發創意的平面	850
Z0905	CI視覺設計(信封名片設計)	350
Z0906	CI視覺設計(DM廣告型1)	350
Z0907	CI視覺設計(包裝點線面1)	350
Z0909	CI視覺設計(企業名片吊卡)	350
Z0910	CI視覺設計(月曆PR設計)	350

十.建築房地產

代碼	書名	定價
00010-01	日本建築及空間設計	1,350
00010-02	建築環境透視圖-運用技巧	650
00010-04	建築模型	550
00010-10	不動產估價師實用法規	450
00010-11	經營實點-旅館聖經	250
00010-12	不動產經紀人考試法規	590
00010-13	房地41-民法概要	450
00010-14	房地47-不動產經濟法規精要	280
00010-06	美國房地產買賣投資	220
00010-29	實戰3-土地開發實務	360
00010-27	實戰4-不動產估價實務	330
00010-28	實戰5-產品定位實務	330
00010-37	實戰6-建築規劃實務	390
00010-30	實戰7-土地制度分析實務	300
00010-59	實戰8-房地產行銷實務	450
00010-03	實戰9-建築工程管理實務	390
00010-07	實戰10-土地開發實務	400
00010-08	實戰11-財務稅務規劃實務 (上)	380
00010-09	實戰12-財務稅務規劃實務 (下)	400
00010-20	寫實建築表現技法	600
00010-39	科技產物環境規劃與區域	300
00010-41	建築物噪音與振動	600
00010-42	建築資料文獻目錄	450
00010-46	建築圖解-接待中心.樣品屋	350
00010-54	房地產市場景氣發展	480
00010-63	當代建築師	350
00010-64	中美洲-樂園貝里斯	350

十一. 工藝

代碼	書名	定價
00011-02	籐編工藝	240
00011-04	皮雕藝術技法	400
00011-05	紙的創意世界-紙藝設計	600
00011-07	陶藝娃娃	280
00011-08	木彫技法	300
00011-09	陶藝初階	450
00011-10	小石頭的創意世界(平裝)	380
00011-11	紙黏土1-黏土的遊藝世界	350
00011-16	紙黏土2-黏土的環保世界	350
00011-13	紙雕創作-餐飲篇	450
00011-14	紙雕嘉年華	450
00011-15	紙黏土白皮書	450
00011-17	軟陶風情畫	480
00011-19	談紙神工	450
00011-18	創意生活DIY(1)美勞篇	450
00011-20	創意生活DIY(2)工藝篇	450
00011-21	創意生活DIY(3)風格篇	450
00011-22	創意生活DIY(4)綜合媒材	450
00011-22	創意生活DIY(5)札貨篇	450
00011-23	創意生活DIY(6)巧飾篇	450
00011-26	DIY物語(1)織布風雲	400
00011-27	DIY物語(2)鐵的代誌	400
00011-28	DIY物語(3)紙黏土小品	400
00011-29	DIY物語(4)重慶深林	400
00011-30	DIY物語(5)環保超人	400
00011-31	DIY物語(6)機械主義	400
00011-32	紙藝創作1-紙塑娃娃(特價)	299
00011-33	紙藝創作2-簡易紙塑	375
00011-35	巧手DIY1紙黏土生活陶器	280
00011-36	巧手DIY2紙黏土裝飾小品	280
00011-37	巧手DIY3紙黏土裝飾小品 2	280
00011-38	巧手DIY4簡易的拼布小品	280
00011-39	巧手DIY5藝術麵包花入門	280
00011-40	巧手DIY6紙黏土工藝(1)	280
00011-41	巧手DIY7紙黏土工藝(2)	280
00011-42	巧手DIY8紙黏土娃娃(3)	280
00011-43	巧手DIY9紙黏土娃娃(4)	280
00011-44	巧手DIY10-紙黏土小飾物(1)	280
00011-45	巧手DIY11-紙黏土小飾物(2)	280

代碼	書名	定價
00011-51	卡片DIY1-3D立體卡片1	450
00011-52	卡片DIY2-3D立體卡片2	450
00011-53	完全DIY手冊1-生活啟室	450
00011-54	完全DIY手冊2-LIFE生活館	280
00011-55	完全DIY手冊3-綠野仙蹤	450
00011-56	完全DIY手冊4-新食器時代	450
00011-60	個性針織DIY	450
00011-61	織布生活DIY	450
00011-62	彩繪藝術DIY	450
00011-63	花藝禮品DIY	450
00011-64	節慶DIY系列1.聖誕饗宴-1	400
00011-65	節慶DIY系列2.聖誕饗宴-2	400
00011-66	節慶DIY系列3.節慶嘉年華	400
00011-67	節慶DIY系列4.節慶道具	400
00011-68	節慶DIY系列5.節慶卡麥拉	400
00011-69	節慶DIY系列6.節慶禮物包	400
00011-70	節慶DIY系列7.節慶佈置	400
00011-75	休閒手工藝系列1-鉤針玩偶	360
00011-81	休閒手工藝系列2-銀編首飾	360
00011-76	親子同樂1-童玩勞作(特價)	280
00011-77	親子同樂2-紙藝勞作(特價)	280
00011-78	親子同樂3-玩偶勞作(特價)	280
00011-79	親子同樂5-自然科學勞作(特價)	280
00011-80	親子同樂4-環保勞作(特價)	280

十二. 幼教

代碼	書名	定價
00012-01	創意的美術教室	450
00012-02	最新兒童繪畫指導	400
00012-04	教室環境設計	350
00012-05	教具製作與應用	350
00012-06	教室環境設計-人物篇	360
00012-07	教室環境設計-動物篇	360
00012-08	教室環境設計-童話圖案篇	360
00012-09	教室環境設計-創意篇	360
00012-10	教室環境設計-植物篇	360
00012-11	教室環境設計-萬象篇	360

十三. 攝影

代碼	書名	定價
00013-01	世界名家攝影專集(1)-大8開	400
00013-02	繪之影	420
00013-03	世界自然花卉	400

新形象出版圖書目錄

郵撥: 0510716-5　　陳偉賢　　　地址:北縣中和市中和路322號8F之1
TEL: 29207133・29278446　　　FAX: 29290713

十四. 字體設計

代碼	書名	定價
00014-01	英文.數字造形設計	800
00014-02	中國文字造形設計	250
00014-05	新中國書法	700

十五. 服裝.髮型設計

代碼	書名	定價
00015-01	服裝打版講座	350
00015-05	衣服的畫法-便服篇	400
00015-07	基礎服裝畫(北星)	350
00015-10	美容美髮1-美容美髮與色彩	420
00015-11	美容美髮2-蕭本龍e媚彩妝	450
00015-08	T-SHIRT（噴畫過程及指導）	600
00015-09	流行服裝與配色	400
00015-02	蕭本龍服裝畫(2)-大8開	500
00015-03	蕭本龍服裝畫(3)-大8開	500
00015-04	世界傑出服裝畫家作品4	400

十六. 中國美術.中國藝術

代碼	書名	定價
00016-02	沒落的行業-木刻專集	400
00016-03	大陸美術學院素描選	350
00016-05	陳永浩彩墨畫集	650

十七. 電腦設計

代碼	書名	定價
00017-01	MAC影像處理軟件大檢閱	350
00017-02	電腦設計-影像合成攝影處	400
00017-03	電腦數碼成像製作	350
00017-04	美少女CG網站	420
00017-05	神奇美少女CG世界	450
00017-06	美少女電腦繪圖技巧實力提升	600

十八. 西洋美術.藝術欣賞

代碼	書名	定價
00004-06	西洋美術史	300
00004-07	名畫的藝術思想	400
00004-08	RENOIR雷諾瓦-彼得.菲斯	350

幼教教具設計系列 3
Teaching aid

有趣美勞の教具

出　版　者：新形象出版事業有限公司
負　責　人：陳偉賢
地　　　址：台北縣中和市中和路322號8F之1
電　　　話：29207133・29278446
F　A　X：29290713
編　著　者：新形象
總　策　劃：陳偉賢
執　行　設計：黃筱晴
電腦美編：洪麒偉、黃筱晴
封面設計：黃筱晴、洪麒偉

總　代　理：北星圖書事業股份有限公司
地　　　址：台北縣永和市中正路462號5F
門　　　市：北星圖書事業股份有限公司
地　　　址：台北縣永和市中正路498號
電　　　話：2922-9000
F　A　X：2922-9041
網　　　址：www.nsbooks.com.tw
郵　　　撥：0544500-7北星圖書帳戶
印　刷　所：利林印刷股份有限公司
製　版　所：台欣印刷股份有限公司

行政院新聞局出版事業登記證／局版台業字第3928號
經濟部公司執照／76建三辛字第214743號
■本書如有裝訂錯誤破損缺頁請寄回退換
西元2003年12月　第一版第一刷

國家圖書館出版品預行編目資料

有趣美勞　教具／新形象編著。--第一版。--
臺北縣中和市：新形象，2003〔民92〕
　面；　　公分。--（幼教教具設計系列；3）

　ISBN 957-2035-54-1（平裝）

　1.學前教育 - 教學法　2.教具 - 設計

523.23　　　　　　　　　　　92018600